快乐育儿宝典

[日]明桥大二/著
[日]太田知子/插图
段岩燕/译

人民东方出版传媒
People's Oriental Publishing & Media
東方出版社
The Oriental Press

前言

前些日子，有位学生家长来找我咨询，说起她正在上小学一年级的儿子。

“这孩子，总是不能达到我们的期望，真是拿他没办法！到底怎么做才能让孩子顺利成长啊？”

听了这话，我问道：

“那您作为母亲，对孩子的期望值是什么样的呢？”

这位母亲沉思了片刻，回答说：

“嗯。其实开始的时候只是希望他能够健健康康的。”

“哦？只要健康就好了吗？”

“嗯……当然了，也希望他能老实听话、性格开朗。”

“那么，只要老实听话、性格开朗就行了吗？”

“嗯……还希望他学习好，时不时地帮着做些家务，万一被坏孩子欺负也能勇敢面对，做人做事儿有主心骨，懂得关爱他人。对了，还有啊，不能总把自己关在家里，得经常到外面去玩儿……”

看到我忍俊不禁的表情，这位母亲说：“是不是我要求得有点过分了？”

“不是有点过分，而是根本不可能。”

孩子母亲也跟着笑了起来。

有主心骨的孩子大多不会很听话。要求孩子要经常到外面去玩儿，同时，还要帮着做家务，还要认真完成作业，一般来说，孩子是无法同时做到这些的。

与其总是在发愁孩子无法达到超乎现实的理想状态，不如让我们从认识孩子的优点开始行动起来。

脾气暴躁的孩子其实多数情况下本性中有着更愿意多为他人着想，非常善良的一面。

有的孩子不听话，那是因为他 / 她已经有了自己对事物的看法。

无论做什么事都慢条斯理的孩子也许正是那种遇事沉着稳重、细致认真的个性。

调皮的孩子恰恰具备了目前新一代儿童身上普遍缺乏的活力。

老实的孩子往往具有敏锐的洞察力，能够捕捉到容易被人忽略的细节。

大人们往往只看到孩子的不足，抱怨孩子这也不行那也不好。

长此以往，孩子难免会受此影响，开始怀疑自己的存

在是否真的有意义。

可是，当换一种角度来看孩子的时候，你会惊讶地发现曾经让你那么头疼的孩子，原来竟是这般可爱、这么光彩照人。

这本书谨献给正在或即将养儿育女的爸爸妈妈们，希望能够通过这种加入插图和漫画的形式，通俗易懂地把道理讲清楚，给大家以启发。

本书不仅汇总了我迄今为止执笔的四本育儿系列丛书中尤为重要且反响强烈的内容，而且还融入了我在那之后的诊疗和咨询中新近获得的一些感受。

本书的插图和漫画出自太田知子女士之手。太田女士也是一位母亲，她拥有过人的悟性，为本书的文字配上了既有趣又易懂的图画，造就了这本非常美妙的书。

谨希望这本书能够帮助担负着未来社会发展的孩子们朝气蓬勃地成长。

明桥大二

目　录 快乐育儿宝典 ①

好麻烦哪
浑身无力呀

▶有些人说“不能让孩子养成要人抱的习惯”，这种说法是错误的。

▶啼哭是婴儿撒娇的方式。

▶对孩子的啼哭不理不睬，会导致孩子产生强烈的愤怒感。

▶与其用愤怒去压制愤怒，不如抱一抱更有效。

▶如果总是对孩子的啼哭置之不理，孩子会从某个时候开始不再哭闹。这并不意味着孩子成了“不缠人”的懂事的好孩子，而是心理问题的开始。

▶有时会发生无论如何都难以对孩子产生感情的情况，这时也没有必要责怪自己。

乖，乖

妈妈，那个……
怎么啦，孩子？

你很努力啊！！
……是吗？

夫妻之间也是一样
谢谢你啦！

哇！
小心点哪！
好畅快啊！

嗯？
我们可说好了哦！
这章您可一定要好好读哦！

嗯——怎么办呢？
妈妈——求你了，好不好吗？

▶疼爱与撒娇是打开情感堵塞的力量。

▶每个孩子的性格不同，即使是生活在一起的兄弟姐妹，也会有善于撒娇和不善于撒娇之分。

……

妈妈朋友圈的支援
把孩子交给我，您就放心走吧！
社区的支援
早上好！
妇幼保健医生的支援
我们家孩子的这些衣服都小了，你不嫌弃的话
有什么烦恼你尽管说。

终年无休

妈妈加油！

让我们一起来为
孩子们和妈妈们
加油助威！

告别吼叫与责骂，
从今天起成为欢
笑的幸福家庭！

1

孩子产生令人担忧的症状并非因为对其管教不严或娇生惯养

现在的孩子并非越来越不如从前，育儿的环境也不能说就一定比过去差。话虽如此，但现在的孩子当中，也的确有一部分孩子出现了令人担心的症状，做出让人放心不下的举动，这也是事实。

那么，到底是什么地方出现了问题，从而会产生这样的情况呢？我们最常听到的就是“管教不严”、“娇生惯养”等对现今的孩子们的负面评价。

然而，这并不是问题的本质。我认为这个问题一定另有原因。

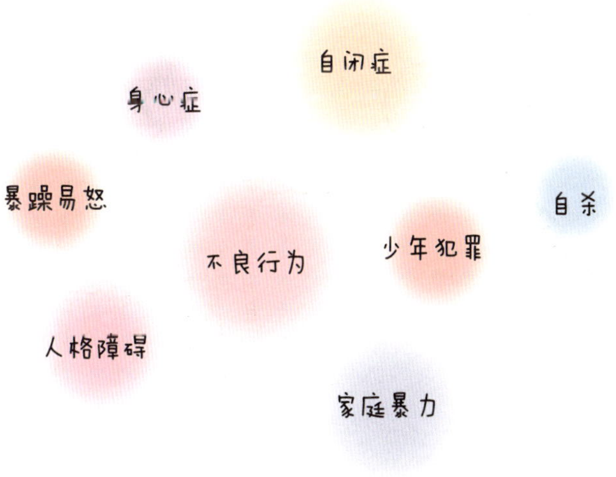
自闭症
身心症
暴躁易怒
自杀
不良行为
少年犯罪
人格障碍
家庭暴力

用一句话来概括就是“孩子的自我评价极低”。

“自我评价”是指“自我肯定感”，也叫“自尊感”。

通俗地讲，就是“自信心”，但这里所说的并不是单纯地会做算术题、体育成绩好等这种自信。

自我评价是指能够体会到自己生活得有意义、有生存的价值，自己的存在很重要、是必不可少的。这是支撑一个人活下去的最重要的东西。

如果无法获得这种安心感，孩子就会出现前面所说的让人担心的症状或做出让人放心不下的举动。

有个孩子这样告诉我，“听到别人说‘喜欢我’我会很高兴。那让我觉得自己的生存价值获得了肯定”。

把这句话反过来说，也就是“像我这样的人活在世上到底有没有意义，这让我总感到很不安”。

而近来，我觉得有这种想法的孩子越来越多了。

教养和学习固然重要，但让孩子产生积极的自我肯定，认为自己有生存下去的意义，自己的存在很重要，是个有生存价值的人，这才是最重要的。

2

要想使孩子朝气蓬勃，大人们应该这样做 1

婴儿时期
——亲肤育儿法

在孩子的婴儿时期，亲肤育儿法非常有效。怀抱孩子，面带笑容地注视孩子的眼睛并和孩子说话。仅仅是这些就能够让婴儿感受到“自己很受重视”、“妈妈喜欢我”。

有些人说『不能让孩子养成要人抱的习惯』，这种说法是错误的。

被抱在怀里，对于孩子来说是件非常舒服的事情。

被人怀抱能够让孩子感受到“自己很受重视”，从而能提高孩子的自我评价。

所以，应该尽可能地多抱抱孩子，绝对不会因为抱得太多而产生任何负面影响的。

我很受重视耶！
好——温暖
好——舒服

啼哭是婴儿撒娇的方式。

婴儿是以啼哭的方式来撒娇的。

“啼哭”不仅是婴儿用来表达生理上的需求没有得到满足的方式，同时，也是孩子表达心里不安或孤独寂寞的方式。

这种时候，就应该抱一抱孩子。

怀抱能够非常有效地使婴儿产生安心感。

同时，可以抚摸孩子的头部，或是亲一亲孩子，冲着孩子微笑，等等，都能很好地给予孩子安心感。

对孩子的啼哭不理不睬，会导致孩子产生强烈的愤怒感。

呜哇！

当由于某种原因，在孩子啼哭时没能及时去抱孩子的话，孩子就会越哭越厉害。这时候孩子的心情是愤怒的。

扑腾 扑腾
妈妈，我都哭成这样了，您怎么还不来抱抱我呀！

孩子啼哭时如果没有人理睬，孩子便会产生强烈的愤怒感。

这一点很多人并不知道。

人常说，爱的反面其实不是恨，而是“漠不关心”。

恨，说明心里还有爱，而漠不关心，却是绝对没有爱的。

在被虐待儿童的案例中，人们发现被置之不理（无视存在）的孩子，其愤怒的程度不亚于遭受暴力的孩子。

如果孩子愤怒的情绪一直积压下去，长此以往，有时会在孩子长大以后以不良行为或暴力的形式迸发出来。

婴儿如果以更大声啼哭的方式来表达自己心中的愤怒，其实这还是在向我们传递信息的阶段，我们只要在注意到之后，抱一抱孩子，孩子就会慢慢安静下来。

即便孩子表现得很愤怒，我们也应该好好抱一抱、哄一哄孩子，这种方式绝对比用自己的愤怒去压制孩子的愤怒要有效得多。

与其用愤怒去压制愤怒，不如抱一抱更有效。

如果总是对孩子的啼哭置之不理，孩子会从某个时候开始不再哭闹。这并不意味着孩子成了『不缠人』的懂事的好孩子，而是心理问题的开始。

妈妈！
快过来！
原来我不值得疼爱……
咦，最近好像不太缠人了？

然而，如果不管孩子多么愤怒，哭闹得多厉害，大人都不予理睬的状况一直持续，你会发现，孩子会从某个时刻开始不再啼哭，而且变得面无表情。

这是孩子把渴望得到宠爱的心情从自己心里排除出去的状态。与此同时，把悲痛、愤怒等情绪深深埋进无意识当中。

这就是所谓的“silent baby”（安静的孩子）。

这种情况非常令人担忧。表面上看来，孩子喜怒哀乐不明显，不缠人，看似很懂事，但其实这说明孩子在心理上已经受到了相当大的伤害。

如果孩子就这样长大，那么，迟早会有各种各样的心理问题暴露出来。

总之，在孩子婴儿时期，亲肤育儿法是最最重要的。

也想撒娇，也有伤心、气愤的时候……
但还是都藏在心里吧……
这样还能活得轻松些……

有时会发生无论如何都难以对孩子产生感情的情况，这时也没有必要责怪自己。

然而，有时候由于某种心理上的抵触，无论如何都无法对孩子做出亲昵的举动。这绝不是“缺乏母性本能”造成的。

一般来说，大多是由于周围人没有能够充分给予帮助，或者是由于在自己成长的环境中曾经存在某种困难，导致自己在精神上已经非常脆弱等原因造成的。这种时候，需要向家人、社区（保健医生、育儿咨询师等）、托儿所等请求支援，慢慢转变。

完全没有必要责怪自己对孩子没有爱心，不配为人母等。

在得到适当的帮助后，只有自己的心理状况稳定下来，对孩子自然而然会产生感情。

3

要想使孩子朝气蓬勃，大人应该这样做 2

倾听

打蔫……
我回来了
出什么事了吗？
今天在学校可过分了！
喔？
噢是吗？
宝贝可真是不容易啊！
嗯？怎么好像轻松了很多。
满足！
倾听孩子的诉说，体会孩子的感受，能够让孩子感觉自己非常受重视。

等到孩子会说话了，我们应该学会倾听。仅仅是认真倾听孩子所说的话，就能向孩子传达出“你的存在很重要”的信息。

倾听时要注意①
自己说话的时间不能长于孩子说话的时间。
今天回家要好好听孩子倾诉一下。
我回来啦！
最近有没有什么烦心事呀？有什么就跟我说！
啊？怎么突然问起这个？
我注意到你昨天吃晚饭的时候长长地叹了口气。
噢，那是因为……
课外活动小组里高年级的学长很严厉……
是这样啊，你也挺不容易的。

不过，要知道在我们那个年代，是经常会被学长教训的，还会挨打呢，那才真是严格呢。
啊，是吗？
不光是学长，担任课外活动小组顾问的老师被称为魔鬼教练，我曾被他用棒球棒打过呢。
哇，那谁受得了啊！
但是呢，正是在他们的督促下刻苦训练，后来我们才能在全国大赛中出线的。
……
你爸爸我正是经历过当年的磨炼，如今在公司即使遇到什么不顺利的事，也都能努力坚持、不气馁。
最近，在公司……即便是这样，爸爸我……
所以你也要加油啊！加油就一定会有好结果的。
好啦，吃饭吃饭！
啊！聊得好痛快！
这简直都不知道是谁在向谁倾诉了。

倾听时要注意②

适时地深深点头并附和『噢，是这样啊』等。

在与孩子交流时，如果我们能够积极主动地给予回应，就能帮助孩子更多地讲出自己的想法。最简单有效的方法就是在倾听的过程中时不时地点头附和：“噢，是这样啊。”

孩子看到你点头，知道你是在认真地倾听，那么，谈话也就会更加容易开展下去。

●点头附和

今天有同学跟我说……
嗯，是吗？
点头
那后来呢？
正在这时，老师进来了！
噢，是吗？
嗯
都说出来啦！

其实，在这一点上大人也是一样。

就拿我来说吧，由于工作的关系，我会在各种场合讲话。有时，听者中会有人边听边“嗯、嗯”地点点头，这会让我感到很高兴，讲话就会很顺畅地进行下去。

相反，如果遇到没有一个人点头，谁都没有任何反应的时候，会让我觉得像是在对牛弹琴，没有兴致再说下去。孩子也是这样，所以，在与孩子交谈时点头附和是非常重要的。

● 毫无反应

倾听时要注意③

重复对方的话。

没想到居然会发生这样的事，我真的很委屈。
是吗，觉得很委屈。
是啊！
……所以我很生气。
嗯，那的确令人气愤。

我的工作使我有机会听各种各样的人讲述他们的烦恼。有一天，有位女士来找我，说是婆婆弄得她神经紧张，总是胃疼。

我婆婆连这种小事情也要唠唠叨叨。
真是受不了她！
是吗……
我跟我老公说『你去跟你妈说一下，不要这么点小事也唠叨个没完』。
可他完全不理会我！
是吗……
转过头去接着看他的电视了……
他这样，我就更生气了。
后来，又发生了这样的事情……
怒
怒
怒
是吗？
是吗？

您是说……是吗？
怒
怒
怒
您婆婆总是非常注意细节，一点儿小事情也不放过。所以让您总觉得心情很烦躁。
而您向您爱人讲述这些事情，却得不到任何回应，导致更加烦躁。
大夫，您说得没错！
您是怎么知道的啊！
真了不起！
这些不都是您告诉我的吗？
崇拜
感动
即便只是重复对方说过的话，就能够让对方觉得获得了理解。

然而，我们在与孩子的谈话中往往会直接说出答案，而不是重复对方的话。

其实，大多数孩子在诉说时都是已经知道答案的。那么，孩子为什么还要说呢？那是因为他们希望我们能够了解他们或苦闷或气愤的心情。

所以，我们只需要让孩子知道“我了解你的感受”就可以了。这就是复述对方的话所起到的作用。只需要重复一下对方的话，附和着说“哦，是这么回事啊”，孩子就会把许多心里话都说出来。

有的孩子不愿意和大人说话，问他们学校里发生的事情他们也不说。

会发生这种情况，十有八九都是因为孩子只要说一，大人就会说十，而且，经常用“你是怎么搞的？”等责问，否定孩子的行为。这样一来，孩子就会觉得自己每次一说什么就会挨骂，干脆就什么都不说了。

其实，我们只需要倾听，在听的时候“嗯，嗯”地点头附和，这样，孩子逐渐就会话多起来。慢慢地，孩子从学校回到家后，小嘴就会像机关枪一样向我们讲个不停了。

4

要想使孩子朝气蓬勃，大人应该这样做 3

“你很努力”比“加油”更有效

我们经常对孩子说的一句话就是“你要加油啊”。

老师在联络手册上往往会在最后用红笔写一句“加油！”或“希望今后更加努力”之类的话。

听到别人说“加油”，有时候的确能够让自己产生动力，但有时，反而会让人心里很不舒服。

所以我们在说这句话时一定要小心。

试想一下，当你已经做出了最大的努力，而对方还要你“加油”的时候，你是不是也不禁会产生“你还要我怎样啊？”的不满情绪。

妈妈们也是一样。当每天从早到晚忙着做家务、照看孩子，还要上班，累得精疲力尽的时候，听到丈夫说“再加把劲啊”，你想她的心情会是怎样呢？

各位爸爸们在工作当中难道没有遇到过类似的情况吗？

如果在这个时候，上司能够说上一句“你一直都很努力”，那么你肯定会感觉更有干劲。同样，丈夫在这个时候如果能够对妻子说上一句“谢谢你为了这个家付出这么多”，她们心里也会好受一些。

对待孩子们也是一样。

有的家长们可能会说，“哪儿啊，我们家孩子一点儿都不努力。每天无所事事，就知道玩游戏，作业也不做，一丁点儿都看不出在努力”。

但实际上孩子也有许多孩子的苦衷。

在学校里要考虑怎样才能不受人欺负，要小心地和其他孩子们交往。

回到家里还得忍受大人没完没了的唠叨。

孩子们其实也在做出相应的努力。

对于这样的孩子，不要只说“加油、加油”，而应该说“你也挺用心的，真是不容易”之类的话，这样反而更能够激发孩子的动力。

“加油”这个词要视不同人不同情况来使用。

有时可以用，有时不能用。

但“你很努力”，“做得不错”这类的话，基本上对任何人都适用。

所以，比起“加油”来，还是让我们多说一些像“你很努力”这样的对对方的付出表示认可和慰问的话，要更好些。

●好好努力！

糟糕！睡过头了。
你看看你！
居然起晚了15分钟。
以后必须早起！
我可真是没用！
唠唠叨叨
我回来了！今天考试卷子发下来了
什么？50分！
你到底有没有好好学习啊！
真是的！好好努力呀！
唉，反正我也就是这样了。

●做得不错！

糟糕，睡过头了！
快快，给我！
不错了，比昨天早了5分钟呢。
我以后一定不再赖床了！
路上小心车
我回来了！今天考试卷子发下来了。
哦，50分。
上次只有30分，这次提高了20分，进步不小啊。
50
看来你是努力了。
好！下回我要争取考100分。

5

要想使孩子朝气蓬勃，大人应该这样做 4

尽量多说“谢谢”

“谢谢”一词是构筑人际关系的基本要素。

特别是对于那些自我评价较低、已经表现出一些令人担心的症状或容易做出让人放心不下的举动的孩子。

这些孩子在心里认为自己“没用”、“一无是处”。

当听到别人对自己说“谢谢你”、“多亏你帮忙”、“我真高兴”这样的话，他们会表现得由衷地高兴。

他们会觉得“自己的存在对父母有帮助”、“自己能让父母高兴”，进而逐渐提高自我评价。

●如果总是斥责……

我吃好了
等一下！自己用过的碗筷自己收拾！
你怎么就不知道帮助做点家务事呢？
总是这样吃完饭放下筷子就走。
哼
第二天
先别走！跟你说了多少次了，把自己用过的碗筷拿过去！
就这么点事情，你为什么就不做呢？
真是拿你没办法，唉！

●如果说声『谢谢』。

我吃好了。
转身离开
一直都不做家务事
偶尔有一天
叮叮咣咣
啊，帮妈妈收拾碗筷呢？谢谢啦！
我也能帮上妈妈的忙了……
呵呵，下回再多干点……
这样，孩子对自己的自我评价会越来越高。

对那些有不良行为的孩子，当看到他们做得好的地方，对他们说一句“谢谢”时，他们会表现得非常开心。

为什么会这样呢？

因为在他们心里，他们觉得“自己是个可有可无的人，无足轻重”，甚至觉得“自己是个多余的人”，或者会破罐破摔地想“反正我也就是这样了”……

有这种想法的孩子听到别人对自己说“谢谢”，他们会觉得“原来自己还是有一点用的”、“自己还是有活下去的价值的”。

在生活中，我们经常会看到大人对孩子说“说谢谢了吗？快说谢谢”这样要求孩子道谢的场景。

但是，相反地，我们大人对孩子说“谢谢”的次数是不是太少了呢？

其实，对于孩子所做出的任何一点小事我们都应该予以肯定。

多对孩子说“谢谢”是非常重要的。

希望每一个孩子都能朝气蓬勃地迈向光辉灿烂的未来……

6

孩子的心灵，是在撒娇与反抗的反复中成长起来的！

孩子的心灵是怎样成长起来的呢？

研究表明，孩子的心灵是在撒娇与反抗的不断反复中渐渐成长起来的。

“撒娇”是想“依赖”，“反抗”是要“自立”。

就是这样，在这两者之间的循环反复之中，孩子的心灵不断成长起来。

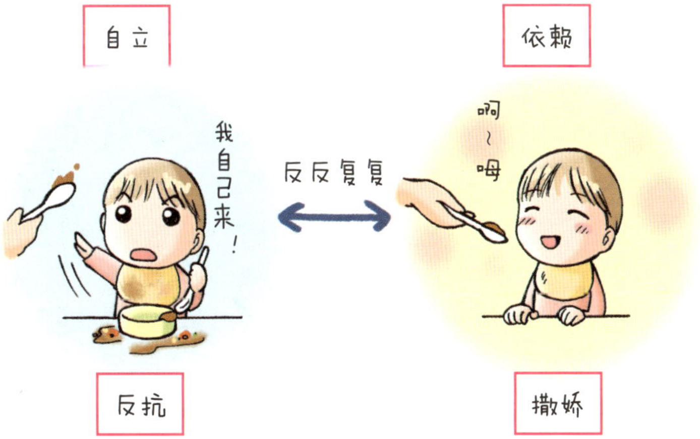

接下去，孩子会迈向自立的世界。

自立的孩子尽情享受着自由带来的乐趣。

但要不了多久，孩子心中又会产生另一种心理。那就是『不安』。

反抗

首先，孩子是在完全依赖于父母的心理状态下出生的。

在婴儿时期，孩子的心灵需要的是获得『安心感』。在此期间充分获得了安心感的孩子会逐渐产生另一种心理，那就是不自由感。

于是，孩子会渴望获得自由。这就是『意愿』。

孩子就是在这样反复的过程中逐渐走向自立的。

当孩子感到不安，回头寻求依靠时，父母应该点头鼓励孩子『没问题』。

在这一时期，大人与孩子之间应该建立起这样一种关系。

依赖

当不安感逐渐强烈时，孩子就会重新回到大人身边，继续获得安心感。

当充分获得安心感后，孩子又会要求『我自己来！』

在自己做的过程中，又会产生不安，于是又会回到大人身边。

7

并不是从不撒娇的孩子会自立，而是在撒娇时能够充分获得满足的孩子才会自立

●孩子的节奏

最重要的是，无论撒娇还是自立，我们都必须完全尊重孩子的节奏。

而在实际生活中，由于父母非常忙碌，常常会顾及不了这么多。

于是，往往会出现不是依照孩子的节奏，而是依照大人的节奏。

大人的节奏

尽管有时候的确是有各种各样不得不去考虑的因素，但希望大家不要忘记，从科学的角度来说，让孩子按照自己的节奏去决定撒娇还是自立是非常重要的。

从外在表现上来看，自立的反面是撒娇，所以人们普遍认为“不撒娇就是自立”。

其实，促使孩子走向自立的是意愿。

而意愿的产生来自于获得充分的安心感。

而安心感又从哪里来呢？来自于撒娇时所获得的充分的满足感。

由此产生安心感，继而萌发意愿，走向自立。

所以说，并不是不撒娇的孩子就会自立，而是在可以撒娇的时候充分撒娇的孩子才会自立。

可能有些人不这样认为。

但是，当我们观察那些在自立上栽跟头的孩子时发现，这些孩子大多是在小时候，该撒娇的时候没有能够充分撒娇。

孩子在小学阶段是撒娇应该充分得到满足的时期。

请各位牢记，只有在允许撒娇的问题上充分得到满足的孩子，未来才会顺利地实现自立。

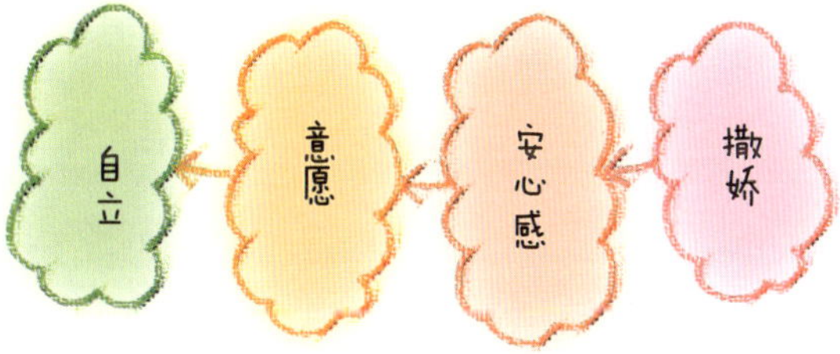

8

十岁以前要彻底满足孩子撒娇的欲望，这样孩子就能顺利成长

无论是大人还是孩子，人活在这个世界上，肯定都需要撒娇。

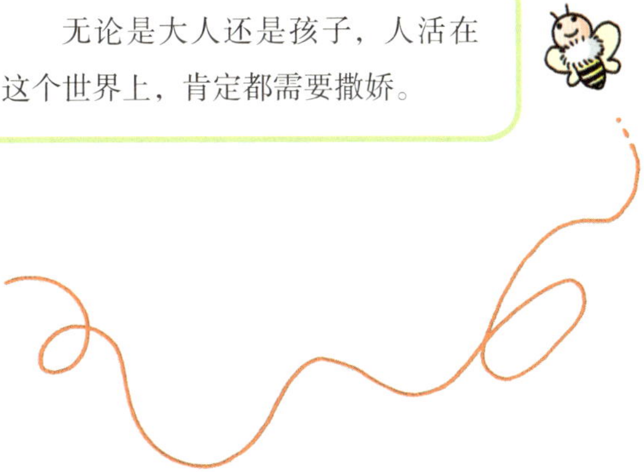

撒娇，用一句话来概括，其实就是在向对方要求被关爱的一种表现。

当撒娇被满足时，人们会感到自己在受到关爱，或者说，自己的存在有受人关爱的价值。

由此会产生对对方的信赖和对自身的信任（自我评价）。

而这样，就会产生安心感。

相信别人的人善于替他人着想，也容易建立较深的人际关系。

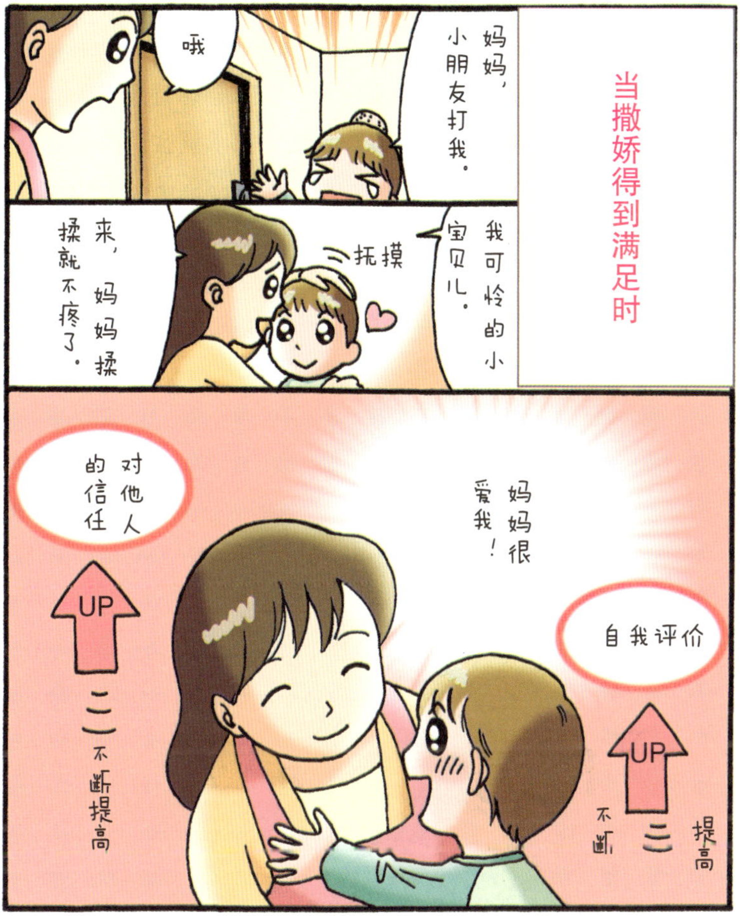
当撒娇得到满足时
妈妈，小朋友打我。
哦
我可怜的小宝贝儿。
抚摸
来，妈妈揉揉就不疼了。
妈妈很爱我！
自我评价
UP
不断提高
对他人的信任
UP
不断提高

安全感

而相反，当撒娇没能被满足时，孩子会对对方产生愤怒情绪。当这种愤怒情绪不断高涨时，孩子就会认为自己是个得不到关爱、没有价值的人。

这种情况持续下去的话，孩子就会对周围的一切产生不信任感和愤怒感，同时，自我评价也会降低。

这样的孩子，既不会信任他人，也不会向任何人撒娇。

于是，人际关系也就变得很淡薄，非常孤独。

而且，容易带有攻击性或总感觉自己受人欺负，甚至有的极容易与人产生敌对情绪。

当撒娇得不到满足时
妈妈，小朋友打我——
又哭，又哭！
少跟我撒娇！
哼
啊？
我根本就不配撒娇……
DOWN
唰～
对他人的信任
DOWN
唰～
自我评价

不信任
愤怒

9

“娇惯”与“允许撒娇”的区别

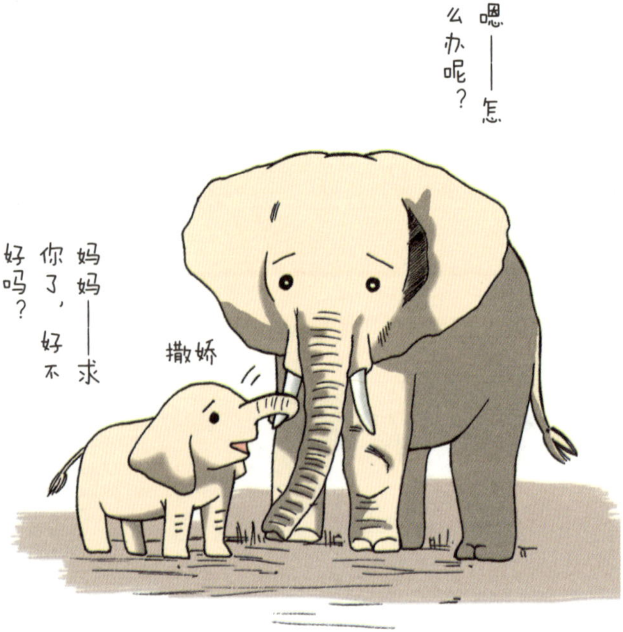
嗯——怎么办呢？
妈妈——求你了，好不好吗？
撒娇

区分好“娇惯”和“允许撒娇”可以说是育儿的关键。

“娇惯”——应该杜绝，也叫作过分干涉、过分保护。从大人的需求出发支配孩子。

“允许撒娇”——应该提倡，十分必要，是尊重孩子节奏的表现。

接下来，让我们看几个具体例子。

●允许撒娇

妈妈——
妈妈——您听我说，今天——
○满足孩子情绪上的要求（例如：要求大人抱等肌肤亲近的要求）。

●娇惯

妈妈，那些都买给我吧——
真拿你没办法。
¥
TOY
×对孩子物质上的要求（钱和物）百依百顺。

● 允许撒娇

妈妈，鞋带总是系不好。
哦？妈妈来看看。
○对于孩子无论如何都做不了的事情给予帮助。

● 娇惯

你看看你，鞋带都没系好。
以后妈妈帮你系，你不用动手。
×对于孩子自己能做的事情也大包大揽。

●允许撒娇

妈妈，我肚子疼。
啊？这可糟了。
是怎么个疼法啊？咱们马上去医院吧。
嗯
○对于孩子无法忍耐的事情给予帮助。

●娇惯

妈妈，我肚子有点饿，给我点吃的东西吧。
那要不你先吃点零食垫垫？
吧唧吧唧
×对于孩子能够忍耐的事情也立刻满足其要求。

但在现实生活中，到底是算作“娇惯”还是属于“允许撒娇”的范畴，很多时候很难区分，需要根据具体情况具体分析。

10

十岁以下的孩子如果不怎么撒娇的话，就需要增加与孩子接触的时间，并增加肌肤接触

疼爱与撒娇是打开情感堵塞的力量。

我们可以把父母与孩子之间的沟通不顺畅比喻成是“心和心之间的管道堵塞”。

那么，每当父母与孩子之间即将发生心灵管道堵塞的时候，总会有一种力量能够有效地疏通管道，使之恢复顺畅。

那就是父母对孩子的疼爱和孩子的撒娇。

当父母的疼爱通过“管道”传达到孩子那里时，孩子也会感受到自己受到关爱，自我评价便会提高。

而当孩子向父母撒娇时，父母会觉得孩子是如此可爱，从而会对孩子更加疼爱。

疼爱和撒娇就是这样相互作用且不断加强的。

实际上，对于一点儿都不跟大人撒娇的孩子，大人是很难去疼爱的。

所以，撒娇对于疏通被堵塞住的心灵管道是非常重要的。

很多人认为父母疼爱孩子很重要，但孩子向父母撒娇却是不对的。

这是一种自相矛盾的说法。

如果说父母对孩子的关爱需要珍惜的话，那么，孩子的撒娇也同样应该珍惜。

每个孩子的性格不同，即使是生活在一起的兄弟姐妹，也会有善于撒娇和不善于撒娇之分。

我不嘛！
妈妈别走嘛！
妈妈一点都不喜欢宝贝儿！
怎么会呢？好了好了，乖。
呵呵

善于撒娇的孩子很会讨父母的欢心，甚至能让父母听任自己随意摆布。

而不善于撒娇的孩子则常常会克制想要撒娇的欲望，表现得比较拘谨。

还有的孩子能够敏感地察觉到大人的状态，从而自己做出“不宜撒娇”的判断。

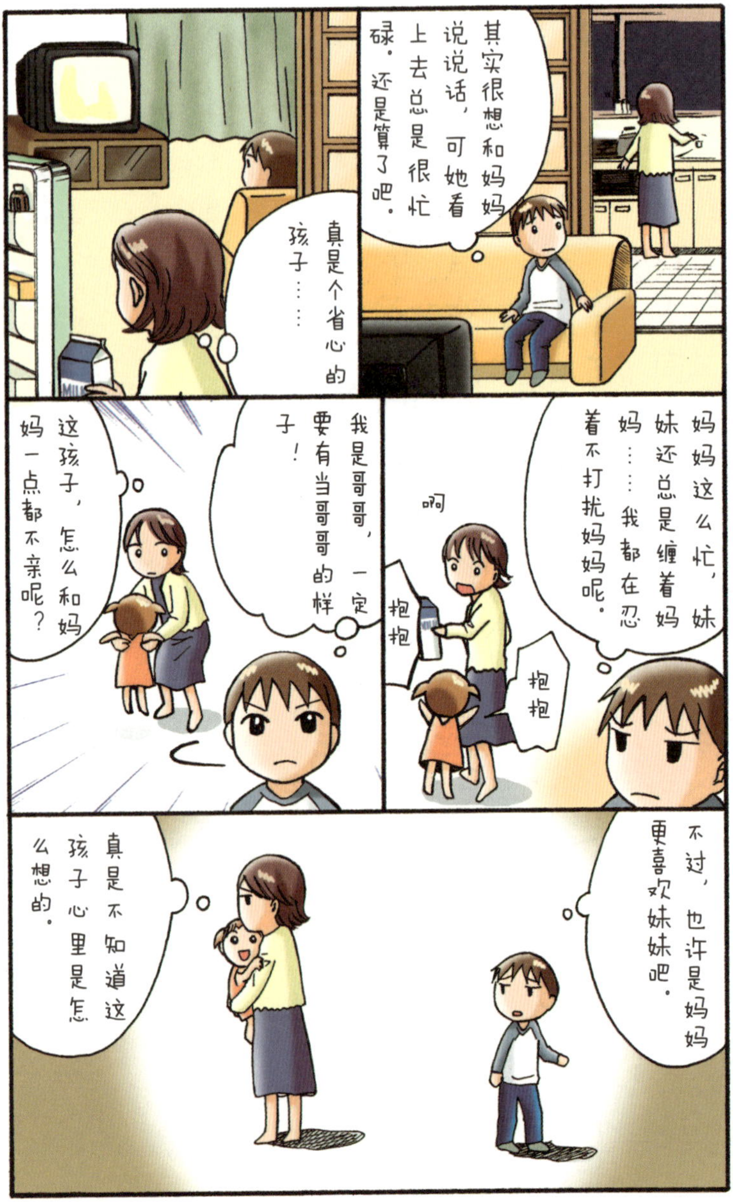
其实很想和妈妈说说话，可她看上去总是很忙碌。还是算了吧。
真是个省心的孩子……
妈妈这么忙，妹妹还总是缠着妈妈……我都在忍着不打扰妈妈呢。
啊
抱抱
抱抱
我是哥哥，一定要有当哥哥的样子！
这孩子，怎么和妈妈一点都不亲呢？
不过，也许是妈妈更喜欢妹妹吧。
真是不知道这孩子心里是怎么想的。

父母大多都忙得顾不上考虑那么多，只会觉得“这孩子真省心”，其结果，就会使孩子在与父母关系持续淡薄的状态下长大。

孩子无法确信父母是否关爱自己，这种不自信会使孩子在对自己的存在价值持怀疑态度的心理状态下长大成人。

如果我们发现孩子还不到十岁，却不怎么向大人撒娇的话，我们应该考虑到孩子有可能是在克制自己。这时，我们应该增加与孩子在一起的时间，并增多与孩子的肌肤接触。如果是因为训斥过度的话，则应该暂时停止对孩子的责备。

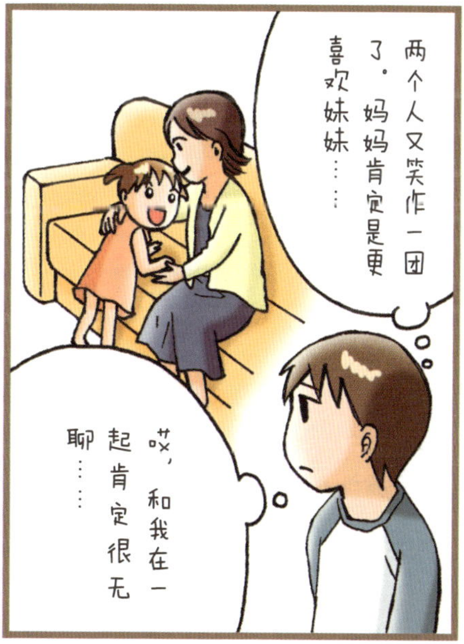

11

有的孩子可以批评，而有的孩子却不能批评

如果孩子真的是做了不该做的事情，那么，就必须要好好地对其进行批评教育。

但是，在批评孩子的时候，有些事情需要我们牢记在心。

那就是，孩子分不同的类型，有的属于“可以批评型”，而有的孩子属于“批评需慎重型”。

批评需慎重型

· 胆小的孩子
· 固执己见型

可以批评型

· 情绪稳定型
· 豁达大度型

相比之下可以批评的孩子

①对自己比较有自信，对任何事情都积极乐观、情绪稳定的孩子

情绪稳定的孩子即使稍微受到些批评也能够接受，会理解对方是为了自己好。对于这样的孩子，有时候训斥一下反而有好处。

②悠闲自得、无忧无虑、心胸开阔、大大咧咧的孩子

悠闲自得、大大咧咧的孩子，即使你冲他（她）发火，对他（她）也不会有太大影响。无论你怎么批评他（她），他（她）都会左耳朵进右耳朵出，还会冲着你傻笑。弄得你慢慢地自己都觉得自己无聊，最后甚至会被孩子的憨态逗乐。

这种类型的孩子就是这么有福气。

批评时需要慎重的孩子

①胆小的孩子

有的孩子，稍微挨一点儿批评，就会导致精神萎靡，以后再也不会去做类似的事情。对于这种心眼小、胆子小的孩子，最好轻易不要批评。

②固执、倔强，总爱说『反正——』，也就是所谓的不招人喜欢的孩子

你再怎么批评，他（她）都不听话，甚至还会顶嘴。其实，这种类型的孩子非常单纯，挨批评会让他（她）的心灵受到不小的伤害。但他（她）又不擅长把自己的心情很好地表达出来，于是，只能表现得固执倔强，坚持己见。

而其实，这样的孩子，往往受到的伤害却是其他孩子的两三倍。

而从大人的角度来看，不管怎么批评，孩子都毫无悔改之意，而且表现得极其自负，于是大人认为有必要打消孩子这种嚣张的气焰，批评也就会比平常厉害两三倍。

孩子的内心本来已经受到了比其他孩子严重两三倍的伤害，却还要受到大人比平时严厉两三倍的批评，结果等于受到四倍乃至九倍于其他孩子的伤害。

很多做出一些越轨行为、患上身心症，之后走上邪路的孩子都是这样的类型。

●了解事情经过

对于这种类型的孩子，先不要批评，而是要了解事情的经过。这一点非常重要。

在听取了事情经过之后，应该用一句“我明白是怎么一回事了”来表示理解，然后，再用“但是，你这样做不应该吧”等引导的话把道理讲清楚，这样一来就比较容易被孩子接受了。

●恶性循环

但在实际生活中，这种类型的孩子往往让人觉得怎么看怎么不顺眼，不由自主地就会训斥过度，从而形成恶性循环。这一点需要我们注意。

12

批评孩子时需要注意的事项

批评孩子时的三大要点：

①不能使用全面否定孩子人格的语句。

“你怎么这么没用啊！”

“你这孩子，简直是无可救药！”

切忌使用像这种对对方人格进行全面否定的语句。

批评的时候应该就事论事，告诉孩子“……是不对的”。

部分否定

○○是不对的

全盘否定

你是个○○的孩子

②采用能够让孩子理解自己为何受到责备的方式。

有些时候，大人勃然大怒，冲孩子大发雷霆，而孩子只知道父母生气了，却不知道到底因为什么生气。所以，我们在批评孩子的时候必须清楚地告诉孩子“……是不对的”。

③告诉孩子今后怎样做才能不挨批评。

拿小朋友的玩具是不对的。

特别是生性敏感的孩子，在挨了批评之后，有时候会感到很绝望，甚至从此变得自暴自弃。

“以后要是想要什么东西的话，你就直说”，“以后即使生气也不能动手打妈妈，有什么事情跟妈妈好好说，妈妈会认真听的”等，应该这样心平气和、简单易懂地告诉孩子以后再遇到类似的事情应该如何处理。

13

三明治式——能够让孩子充满干劲的批评方式

在批评自我肯定感低的孩子的时候，采用“三明治式”的方法会比较容易被孩子接受。

所谓“三明治式”，就是在批评孩子做得不对的地方的时候，在前后加上对孩子优点的赞美。

比如：

一个男生把坐在旁边的女生打哭了。我们应该如何去批评这个男生呢？

优点

缺点

优点

●首先肯定孩子的优点

●之后提醒不足之处

●最后再一次给予肯定

采用这种方式，对于孩子来说，虽然是受到了批评，但同时也有得到表扬的部分，情绪不至于非常低落，也比较容易接受。

如果我们把三明治的顺序调过来会怎样呢？

●先批评

●之后肯定孩子的优点

●肯定优点之后再度指出缺点

怎么又是你！
跟你说了多少次不许这样……
我是不是说得有些重了？
当然了，你也有做的不错的地方，你经常帮助班里浇浇花啊什么的，这就很好嘛。
不行，夸多了容易自以为是。
但是你这么做就前功尽弃啦——

如果采用这种方式，会让孩子觉得大人不是在批评自己做得不对的地方，而是在说自己一无是处。

即便大人们只是想让孩子改掉身上的缺点，但对于自我肯定感较低，没有自信的孩子来说，被大人这样批评会令人感觉自己的存在遭到了否定。

14

管教孩子的方式

（1）首先，我要告诉大家的是，逃学、自闭、暴躁易怒、不良行为、少年犯罪等现代社会上出现的各种青少年问题，大部分都不是因为缺乏管教，相反，是因为管教过严（如体罚、过于严厉等）引起的。

（2）我并不是说对于孩子的管教完全不必要。而是让孩子养成基本的生活习惯、懂得如何关心体贴他人，这是非常重要的。

喂！
不像话！
咔嚓
零食

我拾到个钱包。
是吗，丢钱包的人肯定很着急。
咱们马上把它交给警察叔叔好不好？

（3）最重要的是父母自身要做出榜样，向孩子展示应该怎样做。希望孩子做到的事情，父母平时在孩子面前都一一做到。那么，孩子自然而然就会模仿。

您好！
您好！

横着走的螃蟹爸爸、螃蟹妈妈即便要求孩子直着向前走，也是不可能实现的。
你为什么不会直着向前走呢？
我在模仿爸爸妈妈呀。

（4）经常用“要这样做”、“不许那样做”的句式对孩子下达命令的父母，往往容易对孩子训斥过多。这样一来，只会导致孩子的自我肯定感降低，而不会有多大成效。即使是当父母唠叨的时候按照父母说的做，父母一旦不说了，孩子也就不会再去做了。这样不能算是真正养成了好习惯。

（5）如果父母想用语言来为孩子的行动指引方向的话，应该注意在说话时要以“我”作主语，告诉孩子“妈妈很高兴”、“妈妈很伤心”等。“啊，帮妈妈洗衣服了。妈妈好高兴啊！谢谢你”；“你怎么能不声不响地拿别人的东西呢？妈妈很伤心”。孩子希望看到父母高兴，不想让父母伤心的愿望非常强烈。与其只是告诉孩子“你应该做什么”、“不要做什么”，不如告诉他们自己的感受，这样更容易被孩子所接受。

● 为孩子考虑得十分周全，不让孩子体验失败

（6）不要避讳让孩子经历失败。不必什么事情都提前为孩子考虑周全，对孩子下达指令，让孩子事先做好准备，而应该让孩子去经历失败，学会从失败中吸取教训。当孩子失败的时候不要责备，而应该带着孩子一起思考怎么做才能不再失败。

●让孩子自己从失败中总结教训

我不管了！

（7）如果你发现自己总是因为觉得有责任把孩子管教好，已经感觉育儿是一种负担，搞得自己心烦意乱的话，不如稍事休息。告诉自己“我不管了！”，暂时放下肩上的重担，深呼吸。有时候，这样做对于孩子未来的成长反而会更有利。

15

和孩子相处时有时会禁不住发火，怎样才能避免这种情况的发生呢？

“在和孩子相处时，经常会被孩子气得要命，有时候不禁会冲孩子大发雷霆。怎样才能避免这种情况的发生呢？”

常有家长向我咨询这样的问题。我认为，越是全身心投入到育儿工作当中的家长，越容易产生这种烦恼。

到底家长为什么会对孩子大发雷霆呢？是什么样的心理导致家长发火呢？

一般来说有以下几种情况。

（1）对孩子提出不现实的要求。

首先，让我们来了解一下孩子的现实是怎样的。

①孩子是以自己为中心的。

（还不具备为对方着想的能力）

②孩子做事会失败。

（还不具备预测事情发展趋势的能力）

③孩子不会老老实实听大人的话。

（还不具备冷静听取他人意见的能力）

如果大人要求孩子要为他人着想、从不失败、事事听话的话，那结局必然是孩子无法达到大人的要求，惹得大人生气。

我们要认识到这就是孩子的现实状况，一般的孩子都是这样的。首先要从接受这一现实开始做起。

但其实，孩子的这些现实也不一定都是坏事。上述三点换个角度来看是这样的。

承认现实
这就是孩子
小孩子就是这样的

①在学会为对方考虑之前，首先应该具备表达自我的能力。这说明孩子发育得很健全。

②孩子通过失败可以获得学到各种东西的机会。

③不事事都听大人的话是孩子渴望自立的表现。

哇——
我要玩！

以自我为中心是孩子已经能够表达自己想法的一种表现

啊——
以后拿鸡蛋的时候可要小心了

从失败中吸取教训

不听话是孩子渴望自立的一种表现

（2）把孩子的言行当成是对自己的有意伤害。

如果家长认为孩子的言行是在"小瞧父母"、"捉弄大人"、"故意为难"的话，就会禁不住很生气。

但事实上，绝大部分孩子并没有小瞧父母的想法，也不是在捉弄大人。

比如说，孩子不吃饭，并不是因为嫌不好吃，而是因为肚子还不饿；孩子不听话，也不是有意捉弄大人，而仅仅是因为他（她）还是个孩子。

如果我们把孩子的言行当成是对自己的责难或攻击，那么自然就会反击。但其实，孩子完全没有攻击父母的意思。

（3）父母的责任感过于强烈。

当父母的责任感过于强烈，认为孩子的一言一行都是父母的责任，好好管教孩子是父母的职责时，每每看到孩子的表现不尽如人意时就会非常生气。

一想到孩子每天的一举一动都是在证明着自己作为一个母亲是多么的无能、多么的不成熟，简直就是失职，就会焦躁不安，禁不住要训斥孩子。

但其实，孩子的言行受先天性格的影响是很大的，而那部分是父母所控制不了的。

不如让我们这样来想，这个世界正因为有了各种各样类型的孩子才会这样丰富多彩，而我，又为这个世界增添了一种鲜明的个性，应该得到褒奖才对啊。

专栏 怎样才能把孩子培养成不乱发脾气的人？

答案非常明确，那就是“做一个不乱发脾气的家长”。

特别是以虐待为首的对孩子不断实施暴力、体罚的行为，与孩子日后是否会走上邪路有着很大关系。

对自己不利的时候、受到别人批评的时候、认为对方没有道理的时候，如果父母在这种时候总是大发雷霆的话，孩子就会学会在这种时候以发脾气来解决问题。

我打算去给抓到的甲虫找个笼子，于是对女儿说："你看住桌子上的甲虫（别让它跑了）。"女儿"嗯"了一声。可等我找到笼子回来一看，桌上不见了甲虫的踪影，女儿也不见了……

我喊了一声女儿的名字，听到从隔壁的房间传来她的回应。

走过去一看，却发现她正在目不转睛地盯着那只四处乱爬的甲虫。

女儿说："我一直看着呢！看没问题，可是我不敢用手抓嘛……"

（石川县，36岁，女）

在小儿子四五岁的时候，有一天他突然跑来问我：

"爸爸，你是因为非常爱妈妈，爱得不得了，所以才跟妈妈结婚的吗？"

我在那一瞬间被儿子严肃的目光所震惊。回过神来之后，我回答道：

"对啊，然后才有了你啊。"

听到我的回答，儿子好像松了一口气，非常开心地笑了。

虽然是短短瞬间发生的事情，但我一直都很庆幸自己当时很诚实也很巧妙地回答了儿子的问题。时至今日，我还时常会想起这件往事。

（鸟取县，56岁，男）

丈夫躺在地板上看电视时经常会用脚趾头去按键换台。

有一天，我看到儿子站在电视机旁，把两只手撑在电视机上，抬起一只脚来摇摇晃晃地想要去按电视机的开关。试了两次都没有成功，直到第三次时才把电视打开了。

对不起了，儿子。下次再看到爸爸用脚去换台，妈妈一定批评他。

（长崎县，24岁，女）

“爸爸白天工作，晚上还要加班，到什么时候才能好好地睡上一觉啊！爸爸，请您多保重身体。加油，加油！”

这是孩子在读小学低学年期间有一次在“父亲节”时写下的作文。

作为父亲，我在感到欣慰的同时，感受到孩子时时刻刻都在关注着自己，所以自己必须要给孩子做出榜样。

（兵库县，65岁，男）

孩子是率真的!!

当儿子还在读小学时，他每天放学回来的时间，我总是正在“午睡”。

我睡得很香……没想到，竟然被儿子写到作文里去了。

“我放学回到家里，看到妈妈还在睡午觉。她把嘴巴张得大大的，打着呼噜。我真不希望每天放学回到家里看到妈妈是这个样子!!”

实在是太丢人了。（笑）

老师看了以后，用红笔写道：“妈妈也很辛苦。我们应该谅解她……”

现在想起这件事还会觉得既难为情又很可笑。

每次见到那位老师我都会羞愧难当。

有一次，儿子竟然往我张开的嘴里放进了一粒糖球。

等我醒来后，儿子说“妈妈，你睡着了还吃东西呢……”

（佐贺县，35岁，女）

我正在叠晾干了的衣服，发现儿子把我刚刚叠好的几件衣服给抱走了。不知道这小家伙又在打什么主意。跟过去一看才发现，他正在把叠好的衣服往洗衣机里扔。

本来想发火的，不过后来还是按捺住心中的怒气对儿子说了句“谢谢你来帮妈妈的忙啊”。

期待他能真正帮得上忙的那一天早日到来。

（长崎县，30岁，女）

大女儿小的时候，有一次，别人送了很多点心来。

我对她说：“喜欢吃哪个就吃哪个。”她想了想，问道：“哪个最容易坏？”

我不禁冷汗直冒。都是因为我平时总是挑最容易坏的先吃……

（静冈县，50岁，女）

事情发生在鞋店里。

我对两岁半的儿子说：“妈妈给你买双新鞋吧。”儿子听了高兴得活蹦乱跳。不一会儿，他就选好了自己中意的鞋。

儿子一边抱着自己挑好的鞋，一边对我说“妈妈也挑一双”，边说边用另一只手拉着我向成人女鞋区走去。他随意抓过几只样鞋来塞到我手上，好像下命令似的对我说：“妈妈，试试。”

或许他觉得只给自己买不好意思了吧，居然也懂得关心人了。我真的是非常感动。

我把儿子递过来的那几只鞋都一一试了试，最后对他说：“谢谢宝宝。妈妈现在鞋还够穿，今天就不买了。”说完亲了儿子一下。

谢谢你，我懂事的好儿子。

（枥木县，28岁，女）

女儿刚满一岁。

有一次，她一直哭个不停。我被她弄得毫无办法，心烦意乱，最后竟然当着女儿的面大哭起来。

原本还在放声啼哭的女儿突然戛然而止，做出一副吃惊的表情。过了一会儿，女儿的表情由吃惊变成了担心，就那样一直盯住我看。

在那一瞬间，我不禁想到，怎么能让这么小的孩子为自己担心呢，实在是不应该。于是，我对女儿说“妈妈没事儿。让你担心了，不好意思啊”。

女儿听了居然好像松了口气似的，又重新开始了啼哭。

从这件事情中我意识到，原来女儿对着我啼哭正是她信赖我的表现。

（青森县，22 岁，女）

那是在我儿子三岁时发生的事情。由于工作过于繁重，在儿子幼儿园举办运动会的前一天晚上，我发起了 39.5 度的高烧，卧床不起。儿子把小手放在我的额头和脸上，问道：

“妈妈，舒服吗？”

我回答说：“嗯，感觉凉凉的，很舒服。”

儿子听了竟然说：“那我就一直这样放着。但愿妈妈早点好起来。”于是，他就这样把手放在我的额头和脸上，躺在旁边睡着了。

凌晨四点左右醒来时感觉身体好了许多。一测体温，居然降到了 36.3 度！没有吃药，竟然就奇迹般地好了。

就这样，我的“小天使”保佑我顺利地参加了儿子的运动会。我做了很多好吃的，我们度过了非常开心的一天。

（滋贺县，35 岁，女）

从女儿上小学开始，我每天早上都会在阳台上和她挥手告别。她背着书包，高兴地回头冲着我挥手。

到了小学三四年级，女儿会难为情地笑笑，和我挥手告别。而到了高年级，她却说觉得“很丢人”，让我再不要朝她挥手了。

我在上小学的时候，老师曾经告诉我们说：“‘親’（即‘亲’，日语里指双亲）字是有深刻含义的。站在楼上，不放心地看着自己的孩子，这就是父母亲。父母永远都在看着自己的孩子……”我把这件事情告诉了女儿。

女儿上初中后，曾经对我说：“有这个必要吗？我又不是孩子了，别再和我挥手告别了。”但是我不听，依然每天朝着她的背影挥手告别，直到她从我的视线中消失为止。终于有一天，我看到她走着走着突然回过头来朝我轻轻地挥了挥手。

女儿现在已经上高中了，上学出门的方向也变了。但是我还是会每天把她送到家门口，跟她挥手告别。她总是四下看看，边确认周围没人，边和我挥手告别。

我希望和女儿之间的这种关系能够永远持续下去。

（茨城县，35岁，女）

有一天，我去托儿所接孩子，别的妈妈对我说：

“我们家孩子说你给你女儿做的便当很好吃。”

“我儿子也吵着要我学会后在家做给他吃呢。”

她们说的是我用法国面包做的法式吐司。

于是，我把制作方法教给了她们。

带女儿回家后，我问她是怎么一回事，她说：“有个小朋友说看上去很好吃，于是我对她说‘那你尝尝吧’，就给她分了一块。其他小朋友见了也想吃，我也跟他们说‘那你也尝尝吧’，也分给了他们一些。”

女儿说“那你尝尝吧”的样子着实可爱，我忍不住笑了起来。但我马上又担心起来，问道：“那你不就没得吃了吗？”

“我分给大家吃以后，他们也把他们带的饭分给我吃。”女儿高兴地回答。

细一了解才知道，原来我给她带的便当她基本上都分给了大家，而她也净吃别的小朋友分给她的东西了。

在那之后，为了能让她分给小朋友们，我每次都会给她多带一些。

在那段时间里，大家分享便当在我女儿的托儿所里流行起来。

直至今日，我脑海里还会经常浮现出女儿当年笑容满面地对我说“妈妈，今天的便当也很好吃！”的情景，而如今，女儿也开始在为她的孩子制作法式吐司了。

（东京都，57岁，女）

16

向妈妈们伸出援助之手 1

要想保护孩子，首先要把支撑孩子成长的妈妈们保护好

孩子一旦惹出任何麻烦，父母就会受到指责，尤其是母亲。
哦，这不是隔壁家的孩子吗……

真是没有教养啊！
说长
总是宠着护着嘛！
窃窃私语
是太娇惯啦！
是父母没把孩子教育好。
道短
在不了解事实的情况下，仅凭想象就随便下结论。
完全不顾及这样做会给妈妈们带来多大的痛苦和不安……
想要保护孩子，
首先要把支撑孩子成长的妈妈们保护好。
可在现实生活中，以保护孩子为名攻击孩子母亲的事情却时有发生。这样做的结果是在妈妈受伤的同时，孩子也会崩溃。
打击

目前在日本，婴儿出生率急剧下降，已成为一大社会问题。
父
母
1.29 人
2003 年婴儿出生率
在发达国家当中，婴儿出生率在不断下降的国家还有德国。
德国
日本
这两个国家有一个共性。
在育儿方面，家庭的责任，特别是母亲的责任极为重大。
出于这种压力，妈妈们对能否担负起育儿的重担越来越没有信心。
其实，育儿的责任并不是妈妈一个人的。最重要的一个搭档就是爸爸。
嗯？
来自爷爷奶奶外公外婆的支援。
我们可以帮上不少忙呢！

来自老师的支援。
把孩子交给我，您就放心走吧！
来自社区邻里的支援。
早上好！
来自其他妈妈们的支援。
我们家孩子的这些衣服都小了，你不嫌弃的话
有什么烦恼你尽管说。
让我们大家一起来向整日为育儿奔波的妈妈们伸出援助之手吧。

17

向妈妈们伸出援助之手 2

妈妈们没有休息日

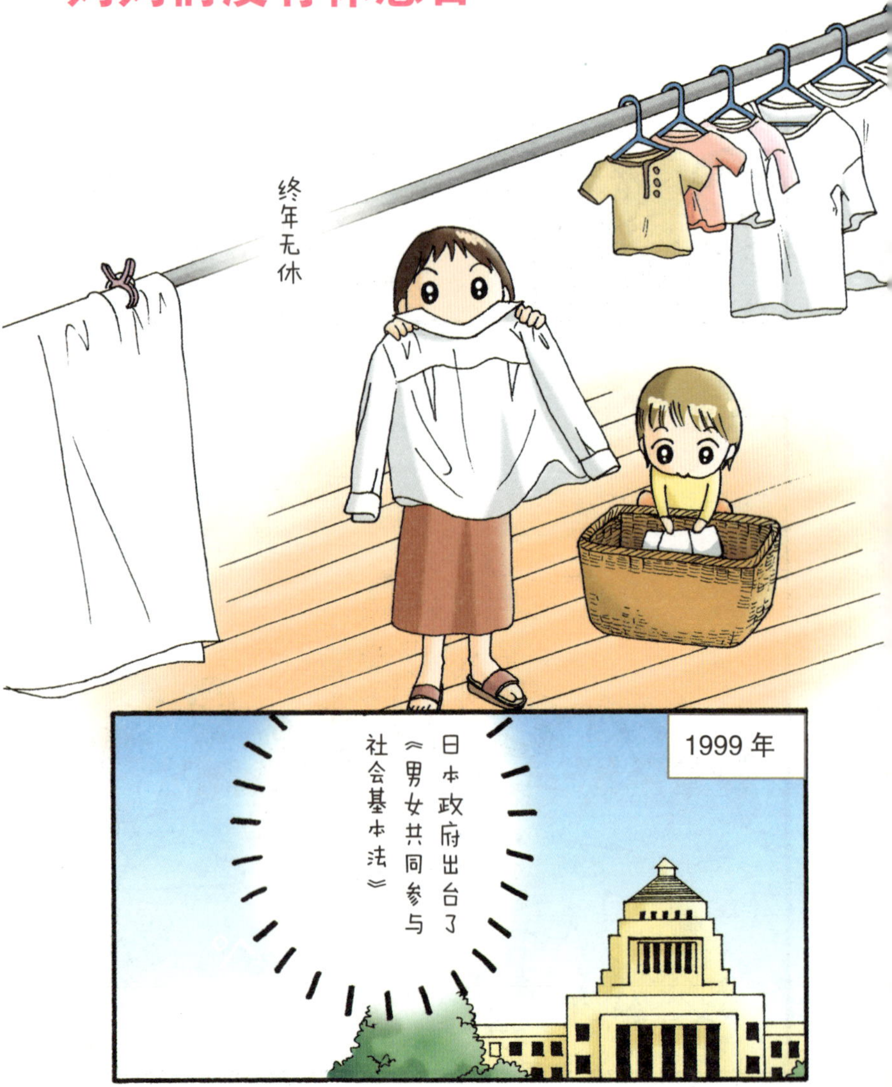

终年无休
1999 年
日本政府出台了
《男女共同参与
社会基本法》

老公，我也想出去工作。
这怎么行呢？会耽误家务事的。
男人重要的是事业，女人重要的是家庭。
喂
现在可是男女平等的社会啦！
我是女主编
要去法国出趟差！
这样，女性逐渐参与到社会当中来。
但是，家务事以及育儿方面却一点也没有减轻负担。
吸
工作工作！
于是，就发展成了这个样子。
扫除
洗衣
育儿
做饭
采购
工作
顺便帮我把袜子洗了
工作

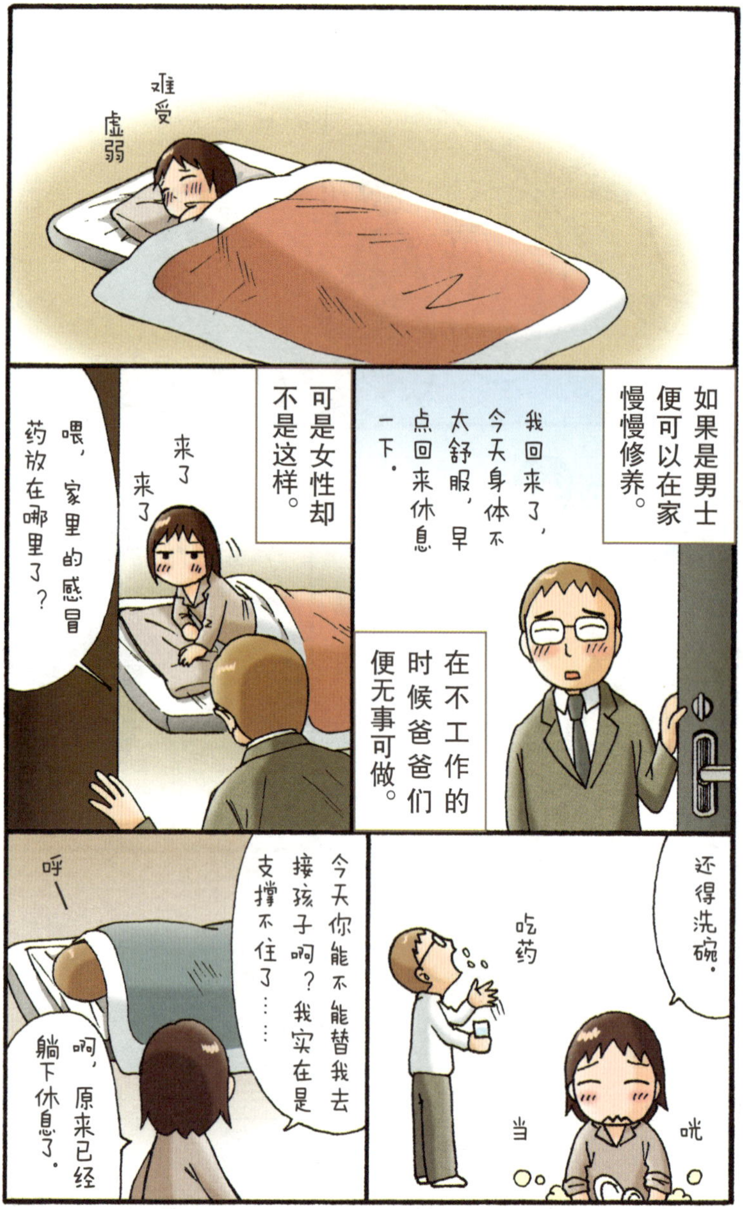

难受
虚弱
如果是男士便可以在家慢慢修养。
我回来了，今天身体不太舒服，早点回来休息一下。
在不工作的时候爸爸们便无事可做。
可是女性却不是这样。
来了
来了
喂，家里的感冒药放在哪里了？
还得洗碗。
吃药
当
咣
今天你能不能替我去接孩子啊？我实在是支撑不住了……
呼—
啊，原来已经躺下休息了。

南部保育
呜！感觉比往常沉很多……
注意身体
晃晃
摇摇
小孩子是不了解父母的感受的。
呼
和我玩嘛！
唉
妈妈可是完全没有胃口。
呼
我肚子饿了。
蹦蹦跳跳
呼
别跑，把衣服穿好。
哈哈哈哈
睡吧睡吧……
噢，感觉舒服多啦！
让我们多多关注妈妈们的辛劳。

18

向妈妈们伸出援助之手 3

妈妈出去工作，对孩子来说是好事，还是坏事？

在托儿所里度过时间的长短几乎不影响孩子的发育。而与家人共同进餐的次数却左右着孩子的发育。
日本厚生劳动省（相当于卫生和劳动保障部）的调研小组于2004年5月发表的研究结果。
针对185名上夜间托儿所的儿童所做的调查表明，在托儿所里度过时间的长短并没有造成孩子发育上的差距。
然而很少与家人一起进餐的孩子，
其与人相处能力发生发育迟缓现象的几率比一般孩子高70倍；理解能力发育迟缓的几率比一般孩子高44倍。

在日本有关育儿有这样一种说法：
在孩子幼小的时候，特别是三岁以前，母亲应专心育儿。
传统
被称为『三岁儿神话』。
三岁儿神话没有合理根据。
这一研究结论引起了强烈的反响。
当然，孩子在三岁之前大脑发育非常显著，在这段时期，处于大人的关爱和无忧无虑的环境之中非常重要。
但这并不意味着陪伴孩子的必须是母亲。

美国 1988 年公布的针对一至七岁儿童所做的跟踪调查结果表明：
母亲是否工作对孩子的身心发育、社会交往能力、动手能力，以及学习成绩等均没有任何影响。

结论是这样的
妈妈们是否工作，完全没有必要受外界意见的干扰，按照自己的意愿决定即可。
这样考虑的人就可以专心育儿
我这个人不太擅长同时做两件事，所以决定在孩子还小的时候还是专心育儿。虽然不工作经济上有点紧张，但这样自己才能更加轻松愉快地带好孩子啊。

这样考虑的人就可以出去工作
我这个人呢，如果要是辞掉工作整天闷在家里，肯定会心情很郁闷的。所以我还是把孩子送进托儿所，自己出去工作。这样的话，对自己对孩子都有好处。
分别半天后的再次相聚
妈妈好想你呀——

19

向妈妈们伸出援助之手 4

如果夫妻双方都在工作，没有足够多的时间陪伴孩子，应该怎么办？

如果你有这样的担心，那么证明你很牵挂着孩子，也一定在育儿上下了不少功夫。

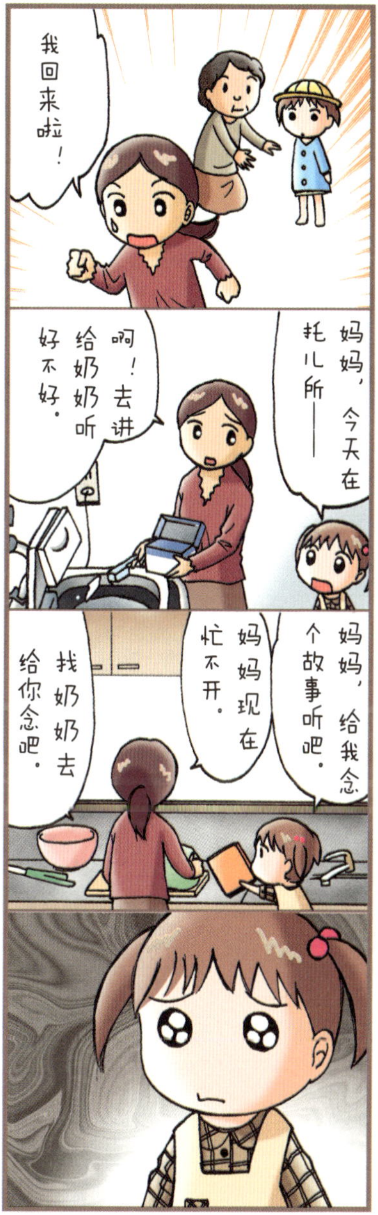

●注意事项

即使是有爷爷奶奶帮忙照看孩子，父母也不能撒手不管。

关键的地方如果做父母的没尽到责任，将来必然会不得不以其他方式偿还这笔欠下的债的。

爷爷奶奶们则应该在孩子父母回家以后，尽可能多地为他们创造一些与孩子在一起的时间，帮助他们亲子重聚。

妈妈，我把孩子接回来了，先帮忙照看一下。
奔忙
白天都是妈妈在忙家务事，晚上我回来了，无论如何也得多干点，不然太说不过去了。
这些事我来做。
你陪孩子多待一会吧。
啊
妈妈您……
真是感激不尽！

下班回家之后，五分钟也好，十分钟也罢，只要是能有和孩子在一起的时间，就应该好好珍惜。

这段与孩子相聚的时间，既不是用来命令孩子做这做那，也不是用来训斥孩子的，而是应该好好听孩子讲一讲今天遇到了些什么事，听到有趣的部分，就从心底里和孩子一起开心一起笑。如果能够这样去度过这段时间，那么，哪怕只有五分钟，孩子的心灵也会得到满足。

向妈妈们伸出援助之手 5

做个好父亲，从现在开始也为时不晚

对于妈妈来说，育儿时最重要的搭档便是爸爸了。
完成了
我回来了。
站住，不要跑！
追
追
哈
哈
看上去真是很辛苦啊……我也来帮忙吧……
老公！你这话说得压根儿就有问题！
哦？怎么了？

你是当爸爸的。育儿的事情怎么能说是帮忙呢？育儿本来就是我们两个人的事情！
啊，说得也是啊！
好，从明天开始我会努力的！
对于父亲来说，育儿不应该是『帮忙』、『协助』这种定位。从当上父亲的那天开始，父亲就与母亲一样，育儿成为生活的一个重要组成部分。

所以，部长，今天我得先走了。
嗯？
策划方案做的怎么样了？什么？还没完成？这哪儿成啊！
大家都有自己的事，都不容易，但还不是一样在努力工作吗？
唠叨
唠叨
唉，还是没好意思提交……
育儿休假申请书
男人育儿需要单位里上司和同事的理解。
……
但是，周围的人们如果抱有『男主外女主内』的传统观念的话，父亲育儿是很难实现的。
对不起啊！

初级篇

即便如此，只要有心，父亲也能为育儿做出贡献。
我回来啦！

①倾听孩子母亲讲述育儿的烦恼和难处
啊，今天又挨上司批评了。真是郁闷啊……
呼
老公，你听我说啊！
小建洗澡不愿用香波，真是烦死了。
他把胡萝卜都给剩下了！
整整抱了他三十分钟呢。
牢骚
噢，是吗
噢，是吗
牢骚
这可比在外面工作要难多了！
唠叨

沉默
是吗……
畅快
如果是由于加班、出差或长期派驻在外无法当面倾听的话，也可以采取电话、手机短信或电子邮件的方式进行沟通，给予支持。
②对孩子母亲的辛劳给予肯定
那可真是不容易啊！
多亏有你这么个好妈妈，孩子们才能这么茁壮地成长。真是辛苦你了，谢谢老婆。
啊呀
真的？
孩子母亲会因此而心情愉快，也会更有动力。
③收集信息
医院在……
托儿所……
游乐园……
借互联网或书报等途径收集信息，不是很多男士的强项吗？也可以在这方面多出点力。

中级篇

①哄夜间哭闹的孩子
在梦中哄孩子
乖，不哭不哭。
乖，和爸爸出去兜兜风吧。
孩子母亲白天照看了一天的孩子，非常辛苦，和父亲一样都会睡眠不足。
晚上开车带孩子出去兜风，孩子有时会在车里睡着。
②给孩子洗澡
这其实是父亲和孩子交流感情的很宝贵的时间。

而且，在这期间，孩子母亲可以做一些没有忙完的家务事。
真是多亏了他。
③带孩子做些需要体力的游戏
育儿也是件消耗体力的事情。
孩子们有时会要求大人带着玩一些需要体力的游戏。
啊哈哈哈！
不行
妈妈绝对做不来！
啊哈哈
这种时候当然得体力上更胜一筹的父亲出马了。
④当家里有不止一个孩子时，照看年长的孩子
当妈妈忙着照看最小的孩子时，年长的孩子就会有失落感。
这个时候，父亲就应该多把精力放在年长的孩子身上，这样一来，不仅孩子高兴，孩子母亲也会感激不尽的。
哇
啊哈哈
来，爸爸陪你玩！
转

高级篇

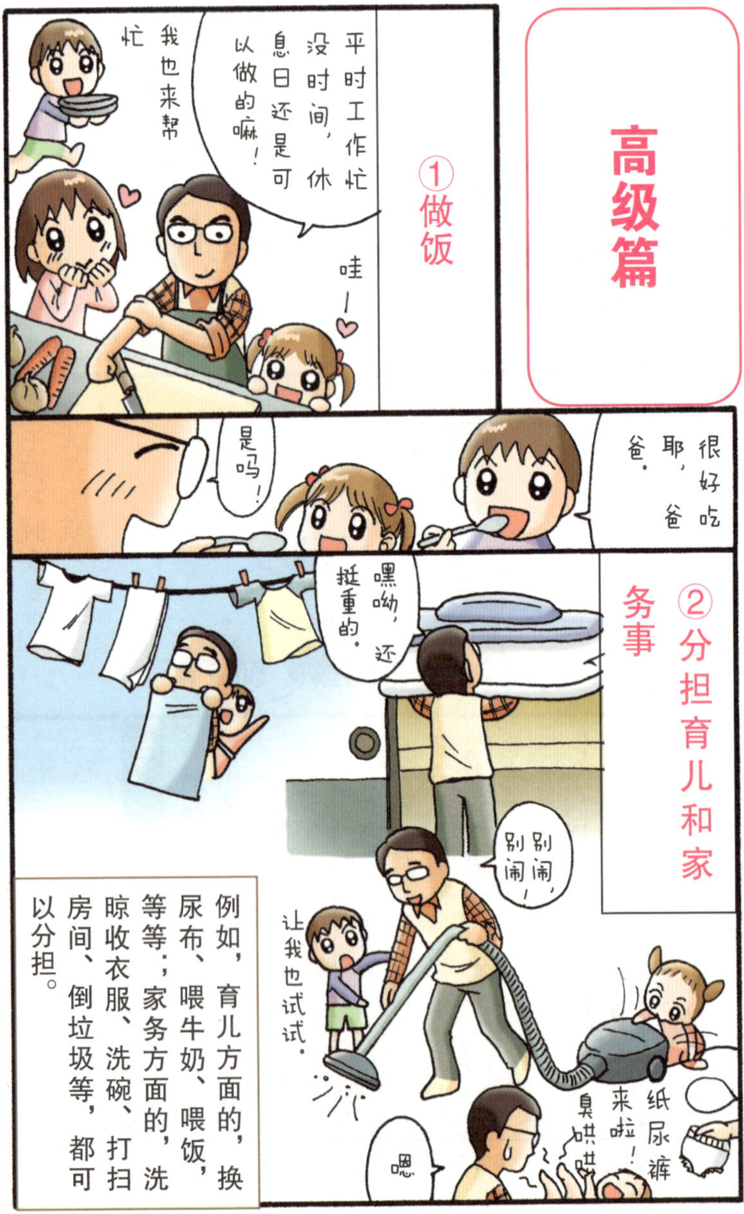

①做饭
平时工作忙没时间，休息日还是可以做的嘛！
哇！
我也来帮忙
很好吃耶，爸爸。
是吗！
②分担育儿和家务事
嘿呦，还挺重的。
别闹别闹！
让我也试试。
纸尿裤来啦！
臭烘烘
嗯
例如，育儿方面的，换尿布、喂牛奶、喂饭，等等；家务方面的，洗晾收衣服、洗碗、打扫房间、倒垃圾等，都可以分担。

下午和爸爸一起去公园玩，好不好？
太棒啦！
多亏了老公，我才能有点自己的时间。
这一天终于结束了。带孩子可真是不容易啊——
累倒
多谢老公了。你能做多少做多少就行，别把自己累坏了。
老婆看上去很高兴。
从明天开始继续努力！
家庭美满，这样不是很好吗？

孩子父亲言行五大禁忌
以下这五条中，如果你做过任何一项的话……
那你可要注意了！
绝对不能
离婚申请
①不把自己当作家中的『大孩子』
我的袜子在哪儿呢？手绢帮我熨熨啊！
我快要迟到了！早饭还没好吗？
真是吵死了
不能什么事情都依赖妻子。不能因为孩子这样依赖母亲而产生嫉妒心理。
②不责怪妻子
孩子会这样，都是因为你没教育好！
0点
你太不会管教孩子了！
你简直就是个不称职的母亲！

③不拿妻子和自己的母亲做比较
要是我妈来做的话，肯定会更好吃的……
怒
爆发
ばり
没有茶喝吗？
要是我妈的话，肯定早就端上桌了。
ばり
④不嫌孩子烦
真是吵死了。你快点叫她不要哭。
乖，不哭。
呜哇，呜哇。
行了行了
别在这里影响我！快把他们带到那边去！
呜呜……
⑤不实施暴力
这一点是尊重对方人格的最基本的原则。

向妈妈们伸出援助之手 6

告诉自己：这就是我，这就是我的孩子。在他人与自己之间画好分界线

周围的人给予援助固然重要，但其实还有一件非常重要的事情。
哦？
是什么事情？
那就是，妈妈们自己一定要对自身给予肯定和认可。

我们身边有很多人，
真是个乖孩子。
肯定是教育方式好。
活泼可爱。
如果非要得到周围人的理解和认可才会感到心安的话……
那么，一旦失去这种周围人的理解便会产生动摇。
有点太惯着孩子了吧？
应该更加严格一些。
那孩子太调皮了！总这样怎么行……
这还属于不稳定的状态。

最终说来，不论周围的人是否理解，我们都需要自我认可、接受现实，告诉自己这就是我，这就是我的孩子。

要想达到这种境界，我们应该怎么做呢？
说教 说教
议论 议论
这样就好了
画线 画线
简单来说，就是要在对方和自己之间画一道分界线。
不过，说得也是啊！
哦
你是你
我是我

越过分界线进入到对方的领域被称为『入侵』。
你应该这样做！
说教
说教
说教
说教
你应该那样做！
啊，你不能这样随便过来！
当然，对于他人的意见应该在一定程度上给予尊重。
我觉得我们家的做法也不错啊……
但其他人并不完全了解情况，其意见也并不一定就完全正确。
您这样……
强加于人……
什么？我是为你好才这样说的，你怎么能这样对我……
委屈

而且也没有任何必要一定要听从他人的意见。
嗯，我决定了，还是按照我的想法做。
她虽然是那种意见
最终还是应该自己做出判断，采取行动。
在自己和他人之间画出分界线并坚持自己的原则，这既是对自己负责，
同时，其实也是对他人的一种尊重。

话虽如此，我们经常会由于没有充分的自信而被他人的意见所左右。
这样，那样
众说纷纭
这样，那样
众说纷纭
嗯？
也许他们说得没错……
这种时候，我们应该广泛了解各方面的意见，多收集客观正确的信息。
BOOK
下面，
我们来具体了解一下划分界线到底是怎么一回事。

外界入侵①

冰淇淋 1元
你看看你
都是因为你平时太惯着孩子，所以他才不听话的。
多管闲事！
但也许我是有点太惯着孩子了？
妈妈！
不许撒娇！

划分界线①

冰淇淋
1元
你看看你，
都是因为你平时太惯着孩子，所以他才不听话的。
孩子缠着大人要东西是在表达自己的意愿，是心理健康的表现，孩子幼年时期在正常范围内的撒娇能否得到满足非常重要，那个人说的是不对的。
妈妈——
乖乖

外界入侵②

叮咣
噼啪
吵死啦！给我安静点！
都怪你没把他们管好，由着他们吵闹，害得我休息不好，工作中出现失误！
咕咚
对，对不起啊。
都怪你们，害得妈妈被爸爸骂！

划分界线②

噼啪
叮咣
吵死啦！给我安静点！
都怪你没把他们管好，由着他们吵闹，害得我休息不好，工作中出现失误！
你肯定是在工作中遇到不愉快的事情了吧。
不过，你在工作上的失误并不是我和孩子们的过错。
爸爸今天好像心情不大好，咱们小点声吧！

外界入侵③

我考不上大学都是因为你的教育方式有问题！
你得补偿我一辈子！
给我一千块钱去玩电子游戏！
都怪我的教育方式不好，我到底要怎样做才能补偿他呢？
高利贷
拿来吧。

划分界线③

我考不上大学都是因为你的教育方式有问题！
你得补偿我一辈子！
你考不上大学虽然不完全是我的责任，但看到你这么痛苦我也很难过。
我知道你心里烦，需要找个方式排遣一下。可家里的经济状况就是这个样子。
今天只能给你五十块钱。
好、好吧。

外界入侵④

你儿子不学好肯定是因为祖上没积德，这样下去，迟早会家破人亡的。
他总是不走正道，说不定还真是像她说得那样。
与其搞这些莫名其妙的法事，不如多下点功夫了解我是怎么想的……

划分界线④

你儿子不学好肯定是因为祖上没积德，这样下去，迟早会家破人亡的。
我儿子会变成现在这样，其实是很多原因造成的，怎么会和祖上扯上关系呢？他现在也逐渐开始和我们沟通了，慢慢会好起来的。
妈，我肚子饿了，饭好了没？
一年后
我今天已经脱离那个团体了。以后不会再和他们混在一起了。

分界线不是与他人之间的壁垒，而更像是树篱。
风可以穿过
也不妨碍沟通
自己现在比较脆弱，还是把分界线向前推一些，不让别人的言论影响自己。
我不想听……
喂
今天自己的状态不错，可以把分界线往回拉一些，听听别人的意见。
嗯
你应该这样做
啊，那个人总喜欢指手画脚的。
咣
我还是把树篱换成防御墙吧！

与他人之间完全不设分界线会给双方都带来不愉快。
哇
喂，你就告诉我吧，你看咱俩都这么熟了。
但如果总是让自己处于厚厚的壁垒中，必定会很孤独。
咚咚
出来吧
咚咚
喂！
换句话说，学会根据需要适当地设定并调整分界线是处好人际关系的关键。
是她呀！
与她之间只要隔一张透明薄膜就可以了。
哦，而对后面那位唠叨的上司，我可得铸好铜墙铁壁！

22

如果说孩子是宝，那妈妈也同样是宝

每当在街上看到母亲牵着孩子的手一起回家的背影，我都会情不自禁地在心里祝愿他们有一个美好幸福的未来。

我们的育儿并没有在走下坡路。如果说孩子是块宝的话，妈妈们也同样是宝。让我们一起来为他们加油助威！

让我们一起来为
孩子们和妈妈们
加油助威！

也送给你！

< 插图 >

太田 知子

1975 年生于东京，以绘制插图、漫画为职业。

2004 年长女出生。一边照看一岁的女儿一边努力创作。

感谢

感谢前来帮忙的父亲母亲

< 作者简历 >

明桥 大二

1959 年生于大阪。

精神科医生。

毕业于京都大学医学部。

曾任职于国立京都医院内科、

名古屋大学医学部附属医院精神科、

爱知县立城山医院、

现任真生会富山医院心理诊疗内科主任。

兼任儿童咨询机构特约医生、学校心理医生、

NPO 法人儿童权利支援中心理事长。

著有《人，为什么活着》（合著）、《快乐育儿宝典》系列丛书等。

《快乐育儿宝典》系列丛书在日本累计销售超过 400 万册，并已在台湾、韩国、泰国等地翻译出版。目前在国内出版发行的有《表扬批评都有道》（1、2）、《宝宝生病了怎么办？你不可不知的儿科知识》（1、2）以及《人，为什么活着》等。

挽回最多生命的一本书

人，为什么活着

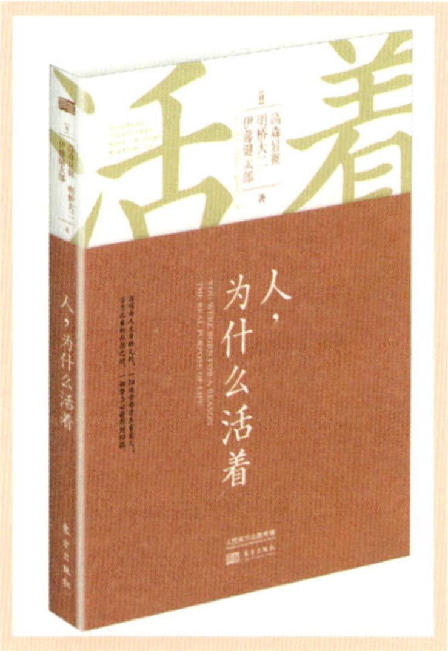

日本长销12年经典著作

销售量90万册

英译本上市7年，畅销美国、东南亚

从11岁到103岁，无数人因为它重新唤起了生存的勇气与希望

“人生到底有没有目的?”

“人活着的意义是什么?”

本书以朴实的语言阐释了佛教的精髓，以轻快、风趣的笔调解答了“人，为什么活着”这个人生难题。

全书分为上下两篇，上篇融汇了众多文学家、思想家对生命的解读，揭示了人生的真相，下篇则透过释迦牟尼佛的慧语以及日本佛教大师、净土真宗祖师——亲鸾圣人的教诲，明确地解答了让古今中外所有人困惑不已的人生命题。

书中既有散见全篇的箴言偈语，又有珠玉般的佛家典故，读来令人回味无穷。

在不自由的世界中得以尽享自由，这“无碍之一道”才是所有人追求不已的终极目的。（摘自文中）

读者感想：

《人，为什么活着》一书内容很丰富，介绍了古代的、现代的、西方的、东方的哲理和事例，阐述了很多如何做人的具体道理，也给出了许多警示，深入浅出，很有说服力和感染力。这些都会让读者受益。

中国读者，乃至整个中国社会需要《人，为什么活着》这类的书。

（北京市 男 61岁 私企经营者）

本书的作者让人思考人生目的的同时，也让我们看到了作者用心良苦地引荐了许多名人名书中的话语来劝导那些陷入困惑和焦虑之中的人们，对人生应该采取积极向上的态度。所以，我说此书是一本值得一看的好书。

（上海市 女 48岁 酒店业）

本书从佛学的角度去阐释人活着的目的，对生死、苦恼等问题进行开解，让自己以新的角度和方式去面对人生当中遇到的苦恼和疑惑，能让自己的心胸更开阔，并认识到人活着的真正目的和意义。

（上海市 女 32岁 公务员）

很受震撼，觉得书中探讨的问题都是关乎人生、生死的，很深刻。平日生活中不会经常进行这么深刻的思考。

（北京市 女 24岁 硕士）

送给心灵的100束鲜花

- 我的家里尽是些“坏人”

  ——家庭和睦的秘诀
- “忙人”才能学习
- 成功商家的“座右铭”
- 识别假丘吉尔

  ——忠实于使命
- 美人的必要条件

该书自2000年问世以来，在日本畅销不衰，迄今已印刷106次，发行超过75万册，成为日本家喻户晓的“家庭德育教科书”。

书中讲述了100个脍炙人口的故事，既有两千年前哲学家们的睿智，也有现代人在日常生活中的感悟；既有从日本历史中得到的教训，也有从欧美成功人士的言行中获得的启发。故事简短而寓意深远，凝缩了古今中外的智慧，可以为你解决日常生活中的烦恼，也可以为你指明成就事业的诀窍。100个故事就像100束鲜花，为你的心灵带来清新怡人的芳香。

宝宝生病了怎么办？

你不可不知的 儿科知识

- 宝宝发烧，无需惊慌！
- 咳嗽、流鼻涕、腹泻都是身体的自卫反应。
- 治好病的不是药物。
- 宝宝具有惊人的自愈能力。

孩子发烧，妈妈们会很紧张。实际上，孩子发烧并非坏事，那是身体故意提高体温以便与病毒和细菌作斗争。如果妈妈们知道了这一点，就不会那么紧张了。

本书从孩子常见的感冒发烧、流鼻涕、咳嗽、呕吐、腹泻、皮疹等入手，介绍了宝宝的染病症状及家庭护理方法，同时也纠正了很多对小儿疾病的错误理解，如“发烧时首先要让孩子发汗”，“得了中耳炎会反复很多次”，“近视就是眼睛变坏”等。书中既有简明易懂的解说，又有生动有趣的漫画，让家长们可以轻松获得正确而实用的儿科知识，从容地面对孩子的疾病，不再感到紧张和焦虑。

表扬批评都有道——传递父母的爱
表扬批评都有道——传递父母的爱 2

日本著名儿童心理学专家、精神科医生明桥大二经典著述
系列销量突破450万册的日本经典育儿丛书
本书以平实的文字、细腻的情感、富有童趣的插画，引领您走进孩子的世界！

“该怎样去批评不听话的孩子?”

“什么样的批评对孩子最有效?”

许多家长对此感到迷茫、苦恼。然而在育儿当中，有一个非常重要的问题，就是“在学习批评孩子的方法之前，爸爸妈妈要先学会表扬孩子的方法。”事实上，只要我们掌握了好的表扬方法，批评孩子的次数也就会随之减少，教育孩子也就会变得轻松许多。

“表扬”并不是对你的孩子做出评价，而是看到孩子的努力、成长，自然而然流露出来的欣喜。

“批评”并不是对你的孩子生气发火，而是告诉孩子，应该好好珍惜自己、珍惜他人的道理。

在《表扬批评都有道——传递父母的爱》中，明桥大二老师告诉我们，孩子的自我肯定感是孩子成长的基础，孩子的教养、习惯、长大后的学习动力都是建立在自我肯定感这个基础之上的。本书就是告诉您如何通过表扬与批评培养孩子的自我肯定感，是一本教养孩子的必读之作。

在《表扬批评都有道——传递父母的爱2》里，您可能遇到的几乎所有的育儿问题都能从这本书中找到答案。本书将会从孩子的年龄段、性别、性格层面入手，结合不同家庭的实际场景，教给您快乐育儿的最佳方法。

图书在版编目（CIP）数据

快乐育儿宝典 / (日) 明桥大二 著；(日) 太田知子 插图；段岩燕 译. — 北京：东方出版社，2015.10
ISBN 978-7-5060-8665-3

Ⅰ.①快… Ⅱ.①明…②太…③段… Ⅲ.①婴幼儿—哺育—基本知识 Ⅳ.①TS976.31

中国版本图书馆CIP数据核字（2015）第249826号

快乐育儿宝典
（KUAILEYU'ERBAODIAN）

作　　者：［日］明桥大二
插　　图：［日］太田知子
译　　者：段岩燕
责任编辑：姬　利　谢　玥
策　　划：吴常春
出　　版：东方出版社
发　　行：人民东方出版传媒有限公司
地　　址：北京市东城区朝阳门内大街166号
邮政编码：100706
印　　刷：北京京都六环印刷厂
版　　次：2015年11月第1版
印　　次：2015年11月第1次印刷
印　　数：1—6000册
开　　本：880毫米×1230毫米 1/32
印　　张：7
字　　数：200千字
书　　号：ISBN 978-7-5060-8665-3
定　　价：32.00元
发行电话：（010）64258117　64258115　64258112